AF544006

Licht in
Sicht

Susanne Niemeyer
& Matthias Lemme

Zusammen durch die Weihnachtszeit

edition chrismon

*auf*brechen

Der Advent *ist ein Stern, die Mutigen folgen ihm.*
Der Advent *ist ein billiger Schokonikolaus,*
geteilt mit einer Fremden, nachts um halb zwei.
Der Advent *ist ein Wunder, anders als gedacht.*
Der Advent *ist Sehnsucht, die der Erfahrung trotzt.*
Der Advent *ist eine Decke, die nie fertig wird.*
Der Advent *ist der Morgen, der ins Heute leuchtet.*
Der Advent *öffnet eine Tür.*
Wir schauen, was dahinter ist.

HEILIG

Gottes heiliger Geist wird dich erfüllen, und die Kraft des Höchsten wird dich in ihren Schatten hüllen.

Lukas 1,35

AN

VON

BETREFF AW: **Fühlst du dich manchmal heilig?**

Wenn es gut läuft, jeden Tag. Ich muss nur daran denken, die inneren Fensterläden zu öffnen. Von diesen dreißig Sekunden hängt alles ab. Dann spüre ich einen Puls, der nicht meiner ist. Brote schmieren, Socken waschen, Listen abarbeiten – das scheinbar Profane bekommt ein Echo und verbindet sich. Mit meinen Ahnen in Genua vor 400 Jahren, mit ungeborenen Urenkeln, mit dir.
Ich weiß, dass die Energie des Anfangs nicht verpufft, sondern von einem Moosbett aufs Pantoffeltierchen übergesprungen ist. Dann über 87 Zwischenstationen zu einer Elefantendame, von dort über ein paar Waldarbeiter direkt in mein Herz. Wurde + Werde = Würde.
Ich fühle mich heilig, weil ich eine zweite himmlische Adresse habe.
So wie wir alle.

Bereit

Ich habe mir einen Zylinder gekauft. Er ist rot und glitzert, und ich weiß, dass ich unter normalen Umständen so einen Zylinder nie tragen würde. Aber die Umstände sind nicht normal. Erstens ist Tipsi gestorben. Zweitens werde ich im Advent allein sein. Den Zylinder habe ich im Fenster eines winzigen Ladens entdeckt. Einem von diesen Antik & Kuriositäten-Läden, die vollgestopft mit Trödel sind. Halbfunktionierende Kaffeemaschinen, Lampen und Aschenbecher aus den 70ern. Neben so einem Aschenbecher lag der Hut. Ich ging hinein. Drinnen war es eng. Es roch nach Tabak und Kölnisch Wasser. Im Halbdunkel saß eine uralte Frau. Sie zog an einer erloschenen Pfeife. „Kindchen", sagte sie, „du brauchst was fürs Herz."
„Ich dachte eher an den Kopf", antworte ich und zeigte auf den Zylinder.
„Eine gute Wahl", nickte sie. „Der kann mehr, als du denkst." In diesem Moment sah sie aus wie eine Wahrsagerin, und ich wollte ihr gern glauben. Sie kletterte von ihrem gepolsterten Barhocker. Ich war überrascht, wie klein sie ist. Behände holte sie den Zylinder aus dem Fenster. Feierlich setzte sie ihn mir auf den Kopf. Ich spürte ein Kribbeln. „Gut", sagte sie. „Jetzt bist du bereit."
Und da stand ich und wuchs um zwanzig Zentimeter. Zwanzig glitzernd rote Zentimeter.

Ich lege ab

meine dicke Haut
schwindelige Müdigkeit
Einsamkeit (die nicht meine ist)
Ich lege an
einen Stern am Morgen
ein unsichtbares Hemd
aus Gold
hauchdünne Erwartung

Gloria

Als Udo morgens in den Bus steigt, merkt er gar nicht, dass er leise eine Melodie summt, er muss sie gehört haben im Radio oder im Traum. Sie springt über in den Kopf der müden Frau, deren Schulter am Fenster lehnt. Summt weiter, trifft beim Aussteigen Clara, die eben noch zum Bäcker will. Dort wandert sie weiter zu dem Mann mit dem dicken Schal, zu Helga mit den entzündeten Händen, zurück auf die Straße in den verregneten Dezembertag, hinaus in alle Welt.

Engel haben Himmelslieder auf den Feldern angestimmt,
Echo hallt vom Berge wider, dass es jedes Ohr vernimmt.
Glooo-o-o-o-o-ooo-o-o-o-o-ooo-o-o-o-o-ooo-ri-a in excelsis Deo!
Glooo-o-o-o-o-ooo-o-o-o-o-ooo-o-o-o-o-ooo-ri-a in excelsis De-e-o!

Ich glaube nicht an die Zauberkraft von Sternschnuppen, trotzdem wünsche ich mir heimlich etwas, wenn eine fällt. ✪ Dass der Nikolaus nachts von Tür zu Tür geht, widerspricht meiner Erfahrung. ✪ Trotzdem schaue ich jedes Jahr verstohlen in meine Schuhe. ✪ Dass Schnee auch nichts anderes als gefrorenes Wasser ist, weiß ich. ✪ Trotzdem stelle ich mir vor, jemand streut Kristall über die Dächer. ✪ Dass die Lichter, die sich im Dunkel des Morgens in den Pfützen spiegeln, nur Ampeln und Autoscheinwerfer sind, sehe ich. ✪ Trotzdem verzaubern sie den Asphalt. ✪ Dass der Advent auch nur eine Kulisse vor den Baustellen der Welt ist, sagen manche. ✪ Trotzdem funkelt was.

Funkeln

In den frühen Morgenstunden macht Gott Licht. Wenn die Köpfe der Kinder immer wieder auf die Tische sinken und Mitja die Nachtschicht beendet. Sammelt die vergessenen Träume ein und die liegen gebliebene Sehnsucht (wie einen verlorenen Handschuh). Rührt Hoffnung in die Haferflocken und macht sich glänzend aus dem Staub.

Brief *an ein paar Kinder*

Ihr werdet einmal groß sein, auch wenn das ganz und gar unvorstellbar ist. Große Leute machen sich Sorgen über das Haltbarkeitsdatum ihres Joghurts und wie morgen das Wetter wird. Sie vergessen, wie viel Spaß es macht, in etwas Flauschiges zu greifen, und sagen, dass man vernünftig sein muss. Sie schicken euch ins Bett und starren dann so lange auf einen Bildschirm, bis ihnen die Augen tränen. Daran seht ihr: Sie sind selber nur mittelvernünftig. Meistens haben sie mehr Vorsätze als Wünsche. Dabei gehen Vorsätze viel seltener in Erfüllung. Darum: Vergesst nicht, wie man mit Dinosauriern redet. Selbstverständlich könnte in eurem Schrank eine gute Fee wohnen. Dass ein Karton nicht bloß ein Stück Pappe, sondern ein Haus, ein U-Boot oder ein Raumschiff sein kann, versteht sich von selbst. Erfindet Zaubersprüche. Zeigt uns, wie der Himmel in gestreift aussieht und wie aus Marienkäfern Freunde werden. Wir brauchen das. Wir brauchen euch.

14 Menschen *mit Baum*

Die Fotos, auf denen unsere Drei-Generationen-Familie am bescheuertsten aussieht, sind die am Weihnachtsbaum. Meine meinungsstarke Mutter besteht seit 49 Jahren darauf, dass ein Foto am Baum gemacht wird. Die Gans darf im Ofen verbrennen, der Wein aufs weiße Sofa kippen, es darf hässliche Socken geben, selbst Pünktlichkeit in der Kirche oder gute Laune sind zweitrangig. Aber das Foto! Am Foto hängt die fröhliche Weihnacht. Und so gibt es eine familiäre Fotostory in 49 Bildern. Mit roten Augen, sackartigen Schnee-Jeans, grellem Tannengrün (Vaters neues Blitzlicht), schiefen Mündern und verkrümmten Körperhaltungen, weil eben alle mit draufmüssen, und der dicke Baum in der Mitte steht. Auf den ersten Bildern waren wir zu dritt, im letzten Jahr umarmen 14 Menschen den Baum. Das Heilige und das Hässliche sind geheimnisvoll miteinander verbunden.

O ich Fröhliche!

- (manchmal) eine gute Freundin gewesen
- ein paar Mal ins kalte Wasser gesprungen
- einem Meisenpärchen Wohnraum verschafft (mietfrei)
- auf drei von hundert Abers verzichtet
- nicht völlig verzweifelt, die Welt 1,3 m^2 freundlicher gemacht

Schneide Sterne für alle aus.
Schreibt auf, worauf ihr stolz seid.
Hängt es in den Weihnachtsbaum.
Singt „O du fröhliche!“.

Du bist hier
Om
Om
Ommm
Om
Om
Om
Om
Omm
Om

FAQ

War Maria Jungfrau?

UNSERE ANTWORT: Spielt das eine Rolle?

DEINE ANTWORT:

Ist Jesus wirklich Gottes Sohn?

UNSERE ANTWORT: Ja, und wir sind seine Geschwister.

DEINE ANTWORT:

Hat Jesus leibliche Geschwister?

UNSERE ANTWORT: Vier Brüder und mindestens zwei Schwestern. (Markus 6,3)

DEINE ANTWORT:

Welchen Stern haben die Weisen gesehen?

UNSERE ANTWORT: Welchem Stern würdest du denn folgen?

DEINE ANTWORT:

GOTT

Siehe, eine junge Frau ist schwanger und wird ein Kind gebären und es Immanuel nennen, das heißt: Gott mit uns. ***Jesaja 7,14***

AN

VON

BETREFF **AW: Wohnt Gott in jedem Menschen?**

Jeder Mensch hat ein Herz (auch wenn es manchmal nicht so aussieht). Gott ist Liebe, also ist jedes Herz der Wohnsitz Gottes. Gibt es leer stehende Menschen, so wie es leer stehende Häuser gibt? Wenn Gott bei jedem Menschen einziehen wollte (und ich finde keine Hinweise darauf, dass Gott wählerisch ist), dann auch bei den Unangenehmen, den Tyrannen, bei den Menschen, die anderen schaden. Dann müsste hinter jeder Fratze Gott sein, eingesperrt vielleicht, ich weiß es nicht. Auch im Herz von Herodes. Selbst in der Aufseherin eines KZs. Wie könnte ich das einem Opfer gegenüber behaupten? Ich kann es nicht. Aber ich bin ja auch nicht Gott.
Ich möchte glauben, dass in jedem Menschen ein Rest Menschlichkeit steckt, die zur Welt gebracht werden möchte. Bis zur allerletzten Sekunde.

Wenn Jesus
als Mädchen
zur Welt
gekommen wäre,
was würde
das ändern?

Rosinen**stuten**

Im Himmel sieht es aus wie in einer Stadtverwaltung aus den Siebzigern. Der diensthabende Engel sitzt hinter einem Schreibtisch in Nussbaum-Optik. Vor ihm steht ein Becher mit der Aufschrift: Systemrelevant.
Ich habe einen Hilfsjob angenommen und sammle Weihnachtswünsche der Menschen ein: „37 Einhörner, achtzehn Küchenmaschinen und sehr viel Trost“, lese ich von meinem Zettel ab.
„Für Einhörner und Küchenmaschinen sind wir nicht zuständig“, brummt der Engel. „Und Trost …“ Er tippt etwas in einen alten Commodore-Computer. „… ist im Umlauf.“ „Alles? Haben wir denn gar nichts zurückgehalten?“
Der Engel trinkt einen Schluck und schüttelt den Kopf. „Wir halten nie was zurück. Wir geben immer alles.“ „Und jetzt?“ „Na, jetzt geben die Menschen den Trost weiter.
Ist ja genug da. Bei Erna Subottke zum Beispiel findet man immer welchen. Und ein Stück Rosinenstuten kriegt man auch.“ Der Engel macht eine Pause und guckt mich an.
„Eigentlich spielt sich mittlerweile alles auf der Erde ab. Ich halte hier oben die Stellung, aber Gott ist unten unterwegs. Näher am Geschehen. Bei Erna zum Beispiel. Einfach mal klingeln.“

Geistesblitz

Wie kommt man zur Welt?
Wie man eben zur Welt kommt auf der Welt.
Meistens freuen sich dann alle.
Nur Mut, denkt sich Gott.
Und legt sich Maria unters Herz.
Gut ist es da. Wenn auch nicht ohne Risiko.
Besondere Umstände eben.

Ein Meter **fünfunddreißig**

„Was für eine komische Geschichte“, sagt Jolle und prokelt an seinem Schokoweihnachtsmann. „Dass Gott ein Baby sein soll. So ein Baby kann doch nichts.“ Fiete nickt, und der muss sich auskennen, weil er gerade ein Brüderchen bekommen hat. Jolle hat es sich angesehen. Gott stellt er sich anders vor.

„Warum macht der so was? Warum kommt der nicht als Ninja zur Welt?“

„Weil es Ninjas nicht gibt.“

„Gott vielleicht auch nicht.“

Jolle findet Ninjas langweilig, aber das sagt er nicht. Alle anderen finden die toll. Nur, was soll man mit denen machen? Die können ja immer alles. Fietes Bruder kann nichts, gar nichts. Dauernd muss ihn jemand durch die Gegend tragen. Und aufpassen, dass ihm die Decke nicht über den Kopf rutscht. Fiete ist auf einmal groß, obwohl er doch in echt gar nicht groß ist, nur ein Meter fünfunddreißig.

Jolle wäre auch gern groß.

„Was“, fragt Jolle, „wenn Gott sich so klein macht, damit alle anderen sich groß fühlen?“ Er beißt den Kopf des Weihnachtsmannes ab und reicht ihn an Fiete weiter.

„Wär’ doch cool … Dann wären Weihnachten alle große Brüder und Schwestern. Von Gott.“

„Hmm-mmm …“, nickt Fiete und kaut nachdenklich. „Das wär’ echt cool.“

Offenes Buch

Das Stroh ist warm
Der Stern hat es auf uns abgesehen

Gott macht Licht
Dort, wo es am nötigsten ist

Auch in dir drin
Jetzt

Advent, ***zweitausendachtzehn Jahre*** *später*

Mitwirkende:

- der pensionierte weißrussische Opernsänger, der täglich 18 Uhr sein Fenster öffnet und vier Liebeslieder singt
- ein Schlittenbauer im Thüringer Wald
- drei junge Frauen aus Ankara, die rote Winterstiefel sammeln und an Barfüßige verschenken
- Miriam aus Nablus, 17 Jahre alt, schwanger
- die Anarchisten der „no border kitchen" auf Lesbos, die mit Flüchtlingen gutes Essen gegen den Frust kochen
- du
- 126.000 Mütter und Väter, die ihren siebenjährigen Engeln weiße Bettlaken auf den Leib schneidern
- Alfred, der mit seinem Mann im Hinterhof einen Christbaum für die Hausgemeinschaft aufgestellt hat (sieben Meter zwanzig) und dort jeden Abend vor dem Sandmann Kinderpunsch ausschenkt

Ihr Lieben,

dieses Jahr ist alles anders. Ich habe keine Geschenke. Der Baum ist nicht geschmückt. Die Gans schnattert im Garten, aber im Kühlschrank ist noch Suppe. Ich habe die Stube nicht mehr gefegt, obwohl ich das wollte. Mein schönstes Kleid hängt im Schrank, ich trage es ein anderes Mal. Ich schaffe es nicht, in die Kirche zu kommen. Ich muss mich um mein Kind kümmern. Es ist gerade geboren.

Euer Gott

Dauerleihgabe

Ich bin ein guter Verborger. Es gefällt mir, dass ein Trompetenmundstück seit Jahren bei einem Freund in Leipzig liegt und große Töne spuckt. Es wärmt mein Herz, dass ich mein rotes Rennrad verborgt und den Überblick über manche Lieblingsbücher verloren habe. Es beruhigt mich ungemein, dass ein großformatiges Bild, vor Jahren für 600 Euro erstanden, seit ein paar Wochen im Flur von Freunden hängt, weil es da viel schöner aussieht.

Die Dinge, die mir lieb sind, weiß ich gern in guten Händen. Ich habe sie, ohne sie haben zu müssen. Ich stelle mir vor, dass Gott Lust daran hat, sich selbst in Millionen Lebensläufe zu verborgen. Bei Ursula, bei Herrn Mürbig, bei mir. Überall zu Hause, als Dauerleihgabe, als Seelenanker oder Festbeleuchtung. Und wenn ich darauf hoffe, Gott möge bald zur Welt kommen, dann ist Gott vielleicht längst schon da. Alle mal nachgucken!

HERZ♡

Maria bewahrte alle diese Worte und bewegte sie in ihrem Herzen. **Lukas 2,19**

AN

VON

BETREFF **AW: Wie groß ist dein Herz?**

Mein Herz fühlt sich an wie eine Haselnuss, in der die ganze Welt Platz sucht. Ich hätte es gern in XXL. Damit Mensch und Maus reinpassen, jedes Flüchtlingskind und jeder abgekämpfte Bettler. Heimatlose Hunde, sterbende Bienen und natürlich du.
Aber es ist zu eng. Darf ich vorübergehend alle ausquartieren, damit ich spüre, wie mein Herz für mich schlägt? Ich träume davon, Worte reinzulassen, die mich bewegen. Worte, die in mir wachsen. Worte, die dann später durch mich zur Welt kommen.
Kein Problem, höre ich dich sagen. Es gibt 8,16 Milliarden andere Herzen, die übernehmen.

Wenn man dir
Gott in den Arm legte,
wie wäre das?

Wahnsinns**idee**

Einmal im Jahr soll aus einem verkorksten Haufen eine heilige Familie werden. Das hat Gott so hingebogen, mit voller Absicht. Zu Weihnachten bilden wir Gemeinschaften, die nicht zu erklären sind. Zerstrittene Geschwister halten es miteinander aus. Verschwiegerte Familienangehörige singen gemeinsam ein Lied. Miesepeter und Quasseltanten essen vom gleichen Dessert. Freunde und Fremde werden zur Familie, aus allen Himmelsrichtungen kommen sie zusammen. Das Wohnzimmer ist der Schauplatz einer Wahnsinnsidee. Gott hat sich das so ausgedacht. Ein Stall als Bühne. Gott selbst als Baby. Die Mutter ein stinknormales Mädchen aus dem Volk. Der Vater ein Holzklotz. Grobe Hirten als erste Gratulanten. Spleenige Sterndeuter als Ehrengäste. Alle kommen zusammen. Weil aller Murks dieser Welt auch mal Sendepause hat. Weil niemand diesem Kind widerstehen kann.

Die ganze Welt in einen karierten Pyjama stecken und mit einer heißen Schokolade ins Bett schicken.

Aber wo kriegen wir so einen großen Pyjama her?

Romantik

„Hast du den Korkenzieher dabei?“, fragt Maria. Josefs Herz setzt eine halbe Sekunde aus. „Den wolltest du doch einpacken“, sagt er und weiß, dass Maria gleich einen Nervenzusammenbruch bekommt., weil es ehrlich gesagt natürlich eine beknackte Idee war, so kurz vor dem Geburtstermin ein romantisches Outdoorwochenende zu machen. „Bevor das Kind da ist“, hatten sie gesagt. „Ein letztes Mal nur wir zwei!“ Maria hievt ihren Bauch aus dem Stroh, um wenigstens den Camembert auf eine karierte Serviette zu drapieren. Der Camembert verschlimmert den Stallgeruch um weitere 1000 Prozent. Ein Schaf beschwert sich, kalt ist es sowieso, Feuer geht natürlich nicht. „Scheiße, du hattest eine einzige Aufgabe“, faucht Maria. „Jetzt können wir nicht mal aufs Baby anstoßen!“
„Ist ja eh nur alkoholfrei“, nuschelt Josef.
„Soll das jetzt auch noch ein Vorwurf sein?“
„Natürlich nicht, Schatz“, beschwichtigt Josef und versucht, unauffällig die Spinne umzuleiten, die direkt auf Marias Bein zusteuert. Der Wind heult. Josef seufzt. Maria seufzt.
„Ich will unser Bett“, flüstert sie.
„Ich auch“, flüstert er.
„Ich auch“, mäht das Schaf (wenngleich das niemand versteht).
Romantik ist, wenn alle gleichzeitig dasselbe wollen.

Sehr geehrte Mitmenschen,

wir sind eine durchschnittliche Kleinfamilie. Bis vor einigen Wochen wohnten wir in unserem kleinen Haus. Wir hatten einen Garten. Wir bauten Bohnen an. Der Feigenbaum trug gut.
Ich wollte eine Schaukel aufhängen, für unser Kind. Es ist jetzt zwölf Tage alt. Zur Welt gekommen ist unser Sohn auf einem Feld im Niemandsland. Hirten brachten uns Käse und Milch.
Dann wurden die Gerüchte von Verfolgung und Todesschwadronen immer häufiger. Wir fürchten um das Leben unseres Sohns. Deshalb wollen wir über die Grenze, wo wir in Sicherheit sind.
Ich bin Zimmermann. Bitte helfen Sie uns. Wir brauchen nicht viel Platz. Wir wollen leben und arbeiten und unsere Religion ausüben.

Friede sei mit Ihnen!
Josef von Nazareth

Da erschien ein Engel Gottes
dem Josef im Traum und sprach:
Steh auf, nimm das Kindlein
und seine Mutter mit dir und flieh.

Matthäus 2,13

Kleine Selbstbefragung

Warum hänge ich lieber Misteln auf als Strohsterne? ♡ Warum finde ich Krippen meistens trutschig, Rehe vor Schneekulissen aber nicht? ♡ Warum glaube ich eher, dass Engel auf Feldern auftauchen, als dass eine Jungfrau schwanger wird? ♡ Warum stimmen mich Grünkohlbuden weihnachtlicher als Falafelstände, obwohl Letztere geografisch besser zur Weihnachtsgeschichte passen? ♡ Warum berühren mich „Drei Haselnüsse für Aschenbrödel" immer noch, während mich Maria und Josef im Film langweilen? ♡ Warum feiere ich Jahr für Jahr die Geburt eines Friedefürsten, obwohl er nicht gerade Erfolge vorweisen kann?

Muss *nicht*

Mach alles schnell noch fertig, sagt mein nerviges Ich. Damit das Jahr einen guten Abschluss findet. Steuer erklären, Briefe beantworten, 5011 Mails sortieren, die besten Plätzchen der Welt backen, das Fitness-Abo ausnutzen, Löcher stopfen, den Computer austauschen, drei Gigabyte Fotos sortieren.

Muss das wirklich sein?, fragt mein warmherziges Ich. Und lässt mich die Seiten wechseln. Nein, das muss nicht sein. Wirklich nicht. Ich muss nicht mit allem fertig werden; ich muss mich auch nicht selbst komplettieren. Also sortiere ich aus, was auch im nächsten Jahr nicht schlechter wird. Ich schubse es in den nächsten Februar oder August und bin meiner Zeit voraus. Gott, stell ich mir vor, ist ja auch noch nie fertig geworden. Gott fängt in jedem Advent wieder an.

RETTUNG

Fürchtet euch nicht!
Denn euch ist heute
ein Retter geboren.

Lukas 2,10–11

AN

VON

BETREFF **AW: Wie rettet man die Welt?**

Wahrscheinlich nicht mit großer Klappe, dicker Hose und viel Geld. Ich finde, es gibt keinen schöneren Gottesbeweis als den Fakt, dass wir Jesus nicht vergessen haben. Das ist doch erstaunlich, oder? James Bond und seine Superman-Buddies sind ein Pups dagegen. Jesus war aus heutiger Sicht so unmännlich, wie es nur geht. Unheldenhaft auf ganzer Linie. Gott hat vor 2000 Jahren unsere Weltrettungsphantasien ausgelacht und sich inkognito unters Volk gemischt. Viele würden sagen: als Loser. Als fragiles und suchendes Geschöpf. Jesus hat mit kleinen Schritten und zarten Gesten das Bewusstsein erweitert. Seine Worte klingen sanft, sind oft radikal, aber nie aggressiv. Jesus hat nicht versteckt, wie verletzlich er war. Ich glaube, das ist die größte aller Superkräfte. Apropos: Niemand kann die Welt retten. Das können wir nur zusammen.

*Wo etwas fehlt,
da ist Advent.*

Knusper*flocken*

Ich erinnere mich nicht an viele Heiligabende, aber den Wodka, den wir vor 26 Jahren kurz vor Mitternacht tranken, den spüre ich noch am Gaumen, wenn ich mich ein wenig konzentriere. Ich war Zivi, wir waren zu dritt und hatten in einer mittelschönen Kirche seit dem Nachmittag Hunderte Menschen begrüßt und verabschiedet, Kerzen angezündet, Liedblätter verteilt, Stühle gerückt. Als alles vorbei war, saßen wir in der ollen Kirchenküche zusammen. Eine von uns hatte Liebeskummer und Augenringe wie ein Weltuntergang.

Der andere war ein freundlicher Zyniker, er stellte die Flasche auf den Tisch und eine Großpackung Knusperflocken (die Choco Crossies des Ostens, nur besser). Ich fühlte mich in diesem Zivi-Winter meistens verloren – in diesem Moment aber wollte ich an keinem anderen Ort der Welt sein. Wir tranken auf die Heilige Nacht, auf die Liebe, wo immer sie auch war, und auf das hilfsbedürftige Leben. Seitdem weiß ich, dass Gott gern mal die Hintertür nimmt.

In diesen Tagen,
wenn der Himmel nur
kurz Licht macht,
sehne ich mich nach
Winterschlaf.
Nach einer Decke,
die die Träume warmhält.
Aufgabenlisten
falte ich zu Sternen.
Jeder Atemzug
wird zum Gebet:
Ich bin da.

Spielregel *für den Advent*

Wer Misstrauen streut
und Argwohn verbreitet,
schreibt 100 Mal „Friede auf Erden"
in Zuckerschrift.

Flausch

Als der Hass ein Kaninchen adoptierte, sagte das Kaninchen: Nein danke. Dann lass ich mich lieber schlachten! Aber das war natürlich keine echte Alternative. Es war nur die Verzweiflung, die aus dem Kaninchen sprach. Seit wann haben Kaninchen ein Mitspracherecht?, knurrte der Hass. Empathie war nicht gerade seine Stärke. Das Kaninchen begann zu zittern.
Der Hass schnappte es an den Ohren und rief: Hähähä – das gehört jetzt mir! Obwohl er keine Ahnung hatte, was er mit einem Kaninchen anfangen soll. Außer ihm das Fell über die Ohren ziehen. Aber dafür hätte er sich die Hände schmutzig machen müssen. Die Welt schüttelte sorgenvoll das Haupt: Armes Kaninchen. Aber was soll man machen?
Als das Kaninchen begriff, dass es mit Unterstützung nicht rechnen konnte, plusterte es sich auf und tat das Einzige, was es konnte: Es setzte dem Hass all seinen Flausch entgegen.

Brotkrümelbilanz

Als Jesus mitbekam, was sein Job sein sollte, sagte er: „Vergesst es. Ich habe keine Lust, die Welt zu retten. Ich werde Investmentbanker.“ „Schreibt das nicht“, sagte Maria, „das ist nur eine Phase, das wächst sich raus. Der Junge wird schon zur Vernunft kommen.“
Aber Jesus begann zu investieren, in Prostituierte und Geldwäscher, in verkrüppelte Existenzen, abgelegte Herzen, krumme Hunde. Er machte Furore an den Börsen. Kapital vermehrte er fünftausendfach. Brot und Liebe waren die Währungen, auf die er setzte. Damit hatte niemand gerechnet.

Nikolaus

„Moin", sagt der Nikolaus, der gar keinen Bart hat, sondern rot geschminkte Lippen, und hält mir einen riesigen Jutesack entgegen. Er ist leer.
„Dieses Jahr bringe ich nichts. Dieses Jahr nehme ich was mit." Er sagt, ich könne alle Enttäuschung hineinlegen. Beim Frühstück fühle ich mich leicht wie eine Schneeflocke.

Der Zorn, die Sanftmütigkeit, die Rettung ***und das Licht***

Die Nacht war schwarz. Die Welt war finster. Nur über einem schiefen Stall leuchtete ein Stern. Weil ein Kind zur Welt kam. Und kein Leben soll im Dunkeln beginnen. In den Straßen herrschte Krieg. Menschen hungerten. Despoten badeten in Kaviar und teilten den Erdball unter sich auf (und ein bis drei Planeten noch dazu). Dagegen kam selbst das Licht eines Sterns nicht an. Da eilten zu Hilfe der Zorn, die Sanftmütigkeit und die Rettung, sie kamen auf einem Esel daher.
„Wir werden die Welt ändern“, rief der Zorn.
„Wir werden die Menschen lieben“, rief die Sanftmut.
„Wir werden einander vertrauen“, rief die Rettung.
„Leuchtet“, rief das Licht und meinte: uns. Da schrie das Kindlein in die Nacht, und der Zorn rief: „Bravo!“

VERHEISSUNG

Lahme werden springen wie ein Hirsch, und die Zunge der Stummen wird frohlocken. Wo zuvor die Schakale gelegen haben, soll Gras und Rohr und Schilf stehen. ***Jesaja 35,6–7***

AN

VON

BETREFF AW: **Wie utopisch dürfen Verheißungen sein?**

Utopien kennen eine Wirklichkeit, die noch nicht da ist. Autokraten entlassen ihre Armeen, belegen einen Tanzkurs und ziehen in eine Kommune? Das kann ich mir nur schwer vorstellen. Aber ich möchte es mir vorstellen. Es rührt mich an, dass wir das Zeug zur radikalen Veränderung haben. Das hat uns Gott ins Herz gelegt. Ich möchte mir vorstellen, dass wir schon morgen eine Verabredung unterschreiben, jegliche Konflikte ohne Waffen zu lösen. Dafür mit Argumenten, einem Blick in die Augen, bei Tee und Käsekuchen. Dass ich mir das vorstellen kann, ist der Zauber der Utopie. Wir denken uns das Leben schön. Dann haben wir ein Ziel und laufen los.

Halbe **Million**

Was Frau Piependreier noch nicht weiß, dass um 17.23 Uhr ihr Chef kommen und sagen wird:
23 Jahre habe ich Sie schlecht bezahlt, bitte nehmen Sie diese halbe Million, die ich sonst doch nur in Aktien anlege, die ich nicht brauche. Vor allem aber nehmen Sie bitte diesen Zimtstern, der erste,
den in ich in meinem Leben selbst gebacken habe, und er ist gar nicht verbrannt, und Sie haben ihn wirklich verdient. Frohe Weihnachten!

Esel, *der* [ˈeːzl̩]

(Oder warum Gott nicht auf ein Pferd gewettet, sondern sich auf einen Esel gesetzt hat.)

- Esel stammen ursprünglich aus Afrika (in Zeiten der Pharaonen galten sie als Statussymbole)
- Esel sind mutig und stellen sich der Gefahr (verteidigen Schafherden und Propheten)
- Esel haben lange und sehr gute Ohren (hören das Flüstern der Engel)
- Esel verfügen über Kraft und Haltung (tragen Anti-Helden auf ihren Rücken sowie werdende Mütter)
- Esel haben eine Schwäche für Karotten und große Wahrheiten (kennen den Weg in den Advent)

6.11 Uhr, **erster Tagtraum**

Der Präsident hat keine Geduld mehr und greift zum Naheliegenden. Er schlägt ein Kind als Kanzler vor. Jesus for president. 67 Prozent der gewählten Volksvertreter wählen ihn im ersten Wahlgang. Er ist parteilos und eigen. Weil er mit Liebe regiert, findet sich immer eine Mehrheit.

Die Friedfertigen übernehmen die Chefetagen, die Sanftmütigen das Himmelreich. Steuern heißen von nun an Soli. Freie Büroflächen werden zu Sozialwohnungen. Auf den Adventsmärkten gibt's Kakao für alle. Wo es dunkel ist, wird getanzt. Jesus geht stets als einer der Letzten.

Hosianna, heißt es in den Morgennachrichten. Millionen schlagen nach, was das eigentlich heißt.

Utopie

Da ist Gott.
Am Rande des Universums.
Altes Gasthaus Liebe.
Da ist Gott. In dem Kind. So unfertig wie unser Glaube.
Und Gott macht sich auf ins Abenteuer.
Macht nicht irgendwas mit der Welt,
macht Liebe.
Geht in die Welt. Dorthin, wo es am nötigsten ist.
Zu dir, zu mir.

Aufstand **der Träume**

1988 in Leipzig, Halle, Karl-Marx-Stadt, Rostock, Eisenhüttenstadt: Wir sind 17, manche auch schon 18, und schreiben unser Krippenspiel. Wir finden: Die Geschichte der Geburt Jesu ist das Fundament, aber wie jede gute Geschichte hat sie schillernd-weiße Stellen. Wir schreiben uns hinein in diesen alten Text. Und während wir schreiben, gehen unsere Träume auf die Straße, wild und mutig. Ein Kind wird geboren. Im verrußten Hinterhof, nicht in den Parteipalästen. Das Recht soll für alle gleich gelten. Freiheit ist die Freiheit der Andersdenkenden. Die endet nicht an Mauern und Zäunen. Ein Gott, der sich kleinmacht, braucht keinen Fahnenapell, nur Liebe und Vertrauen, Milch und ein belegtes Brötchen. Wir schreiben und spielen und singen und zünden Kerzen an. Manchmal geht die Phantasie mit uns durch. Raus dem Marionettentheater. Die Folie abziehen. Den Horizont ausklappen. Wir spielen unser Spiel zwischen Kanzeln und Altären. Keine Kirche ist zu kalt oder hässlich für unseren Traum. Und kein Staatsapparat so mächtig, dass er dagegen ankäme.

G
Franz.Josef
8

Zur Feier **des Tages**

Ich wünsche mir den Gesang deiner Engel
für die Verletzten, die Zusammengeflickten,
die Zwangsverpflichteten, die Trauernden
an den vergessenen Orten dieser Welt

Ich wünsche mir deine himmlischen Heerscharen
für alle, die ausgegrenzt werden,
wegen ihrer sexuellen Orientierung,
ihrer Hautfarbe, ihrer Liebe zur Freiheit

Ich wünsche mir den Mut deiner Hirten
für alle, die aufbrechen,
wünsche mir Marias Liebe
für alle, die dir alles zutrauen

Jetzt kommt **ein Karton**

Vor dreißig Jahren läutete die deutsche Wiedervereinigung das Ende der Westpakete ein. Westpakete waren der Zauber meiner Kindheit. Ob eins kommen würde? Oder gar zwei oder drei? Rechtzeitig? Von den Zöllnern geplündert oder unberührt? Meistens war der Inhalt gar nicht so spannend. Puzzle, manchmal Lego, Kaffee und Schokolade. Dass Letzteres von Aldi kam und weniger die Krönung war, interessierte uns nicht die Bohne. Es duftete, es glitzerte, es kam von weit her – es war reine Verheißung, die zur Not auch mit wenig Substanz auskam.

Heute lebe ich in Hamburg und bekomme jedes Jahr ein Ostpaket. Selbstgebackene Kekse aus der Altmark. Geschenkte Zeit. Zucker und Liebe. Das geht seit acht Jahren so. Ohne dieses Ostpaket wäre Weihnachten nur halb so schön. The times they are a changin'.

Frohlocket

***„Jesus hat keinen Penis"*,** ruft Merle, nachdem sie unter das Kleid der Krippenpuppe geschaut hat. Alles Rascheln und Flüstern verstummt. Plötzlich ist es sehr still. Erstaunlich, wie gut alte Kirchen den Schall weitertragen. *„Aber Hände hat Jesus"*, ruft Merle, *„und Ohren. Und einen Kussmund!"*

***„Jauchzet, frohlocket"*,** antwortet der Chor, und das Christfest beginnt.

SEHNEN

Mache dich auf, werde licht; denn dein Licht kommt. *Jesaja 60,1*

AN

VON

BETREFF AW: **Was lockt dich vom Sofa?**

Ich mag mein Sofa sehr. Vor allem, wenn ich unter meiner grünen Wolldecke liege und in ein Buch hineinkrieche. Dann lockt mich nichts und niemand von dort weg. Nach zwei Stunden oder 113 Seiten aber juckt es mich. Ich denke: Du liest diese Geschichte, dehnst deine Vorstellungskraft, fühlst mit – aber ist das deine Geschichte? Dann stehe ich auf und will Menschen treffen, am liebsten sofort. Was ich gelesen und gedacht und gefühlt habe, will raus. Wenn ich mutig bin, klingle ich ohne Vorankündigung bei Freund*innen an der Tür. Wenn ich richtig mutig bin, gehe ich in eine Bar und setze mich an den Tresen. Manchmal beginnt dann ein Abenteuer. Allein die Vorstellung, dass etwas Überraschendes geschehen könnte, lässt meine Augen leuchten. Appetit bekommt meine Sehnsucht auf dem Sofa. Futter bekommt sie draußen.

Driving home

Alle Landschaften strasserfüllt
Der Himmel ein Leuchten
Schäfchengeräusche mischen sich
zwischen die Verkehrsmeldungen
Gegenstände auf der Fahrbahn
in Goldpapier gewickelt
Nächste Ausfahrt Bethlehem

Sieben **Grad plus**

Das nachtblau schimmernde Hemd trage ich selten. Ebenso wie den feingestrickten Pullover. Heute ziehe ich beides an. Dazu ungetragene Weihnachtssocken vom letzten Jahr und den hellen Schal, der mir im November noch zwei Nummern zu kühn erschien. Heute ist der Tag für einen Garderoben-wechsel. Denn die Räume wechseln wir ja auch. Die Tür geht auf – und das Licht ist sieben Grad wärmer. Die Welt ist noch dieselbe, aber das Gestern sieht plötzlich alt aus. Vor mir steht die Hoffnung im Raum. Schön und zart. Groß und lockend. Alles kann anders werden, flüstert sie mir ins Gesicht. Du kannst anders werden. Echt.

Komm

Als ich aus dem Haus gehen will, steht der Advent vor der Tür, so dass ich beinah stolpere. „Ist es schon so weit?“, frage ich und fürchte, dass ich ihn nun hereinbitten muss. Aber ich habe es eilig. Der Advent kommt aus einer Zeit, da war Eile noch keine Maxime, und Organizer gab es auch nicht. Ich drücke mich entschuldigend an ihm vorbei, aber er stellt mir ein Bein, und ich fliege auf die Nase. „Das ist nicht nett!“, rufe ich. Er lächelt sanftmütig. Ich rappele mich auf. Erwachsene, die am Boden liegen, sehen immer irgendwie albern aus.

„Wir haben ein Date“, sagt er und lässt ein paar Goldsterne über mich regnen. „Einmal im Jahr, erinnerst du dich?“ Natürlich erinnere ich mich. Nur dass gerade doch noch Sommer war. Der Schal kratzt. Ich bin noch nicht bereit für Äpfel, Nuss und Mandelkern. Ich bin noch nicht bereit für den Advent. „Ich habe nichts vorbereitet. Nicht mal einen Adventskranz habe ich. Last Christmas hängt mir jetzt schon zu den Ohren raus. Genauso wie das Wort Besinnlichkeit!“

Er legt seinen Finger auf meine Lippen und stoppt meinen Redefluss. „Komm“, sagt er. „Für mich brauchst du nichts vorzubereiten. Ich bereite dich vor.“ Und dann nimmt er mich an die Hand und führt mich in eine andere Zeit.

Ist es schon
so weit?

Advent

Geh ins Dunkel
stell dich ins Licht
Die drinnen bleiben
finden nicht

Sing dein Lied
sieh nach dem Stern
Vielleicht liegt das Wunder
nicht fern

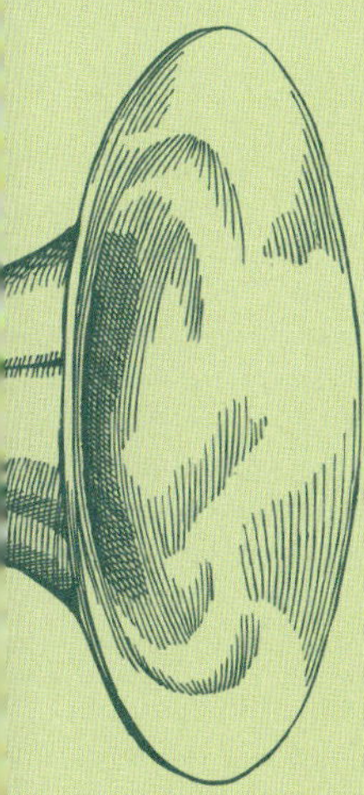

Weihnachtslieder**wett**singen

- Sechs Leute zusammentrommeln.
- Tee kochen und eine Flasche Rum danebenstellen.
- Bekannte Weihnachtslieder bereithalten.

  (***Für Anfänger*innen:*** O Tannenbaum, Stille Nacht, Alle Jahre wieder, O du fröhliche …
  Für Fortgeschrittene: Es ist ein Ros entsprungen, Kommet, ihr Hirten, Herbei, o ihr Gläubigen, Morgen Kinder wird's was geben …
  Für Profis: Tochter Zion, Maria durch ein Dornwald ging, O Heiland, reiß die Himmel auf, Die Nacht ist vorgedrungen …)
- Die Runde in zwei Teams teilen.
- Lied anstimmen und auswendig (!) singen.
  Das Team, das am längsten durchhält, bekommt einen Punkt.
  Oder einen Spekulatius. Solange noch eine Stimme singt,
  ist das Team im Rennen.
- Ende, wenn alle selig sind. Oder heiser.

Braucht es mehr Mut,
auf den Mond zu fliegen oder
zur Welt zu kommen?

Wir holen keinen Stern vom Himmel. Wir folgen ihm einfach. Unser Herz ist ein Stall. Wir haben keine Gästeliste, sondern Platz für alle: fremde Könige und lausige Hirten. Selbst Ochsen und Esel dürfen rein. Wir vertrauen darauf, dass die wesentlichen Dinge manchmal über Nacht geschehen. Man kann sie nicht planen. Dem Kleinsten trauen wir Großes zu. Wir halten uns an einem Strohhalm fest und flechten Sterne draus. Unsere Herzen glühen auch ohne Wein. Wir lassen uns heimläuten und singen Gott ein Wiegenlied, alle Jahre wieder. Unser Himmel braucht keine Geigen. Wir finden ihn unterwegs, auf den Feldern und jenseits der Paläste. Unser Glaube kann Könige ins Wanken bringen. Wir sind das Licht, auch wenn es manchmal nur ein Glimmen ist. Wir lassen uns gehen: nach Bethlehem.

REVOLUTION

Mein Gott stürzt die Gewaltigen von ihrem Thron. Richtet Unterdrückte auf, beschenkt Hungrige und lässt die Reichen leer ausgehen. **_Lukas 1,52–53_**

AN

VON

BETREFF **AW: Will Gott Revolution?**

Ich will mich nicht damit abfinden, dass Geld die Welt regiert. Dass Superreiche Wahlkämpfe bestimmen. Dass arme Menschen den Staat angeblich zu sehr belasten, während reiche Menschen unbehelligt ihre Steuervorteile nutzen. Ich will nicht die Pappe von meinen Joghurtbechern pulen, während Privatjets und Yachten klimaschädlicher sind, als der Durchschnittsmensch es im ganzen Leben sein kann. Ich will nicht resignieren, weil das alles schon immer so war. Gott sagt: Will ich auch nicht. Und kommt zur Welt. Sind wir schon mal zu zweit.

*Weihnachts***märchen**

Eines Wintermorgens geht die Kunde durch den Wald, dass die Heilige Nacht in diesem Jahr abgesagt werden müsse wegen der hohen Mietpreise. Sogar ein Kellerloch verschlinge das durchschnittliche Jahresbudget eines Königs. Von einem Stall ganz zu schweigen.

Die Menschen ertränken ihren Kummer in einem Fass Glühwein – da kann man nichts machen, sagen sie. Die da oben sind schuld. „Wen meinen sie?“, fragt der Adler, der sich in großen Höhen wirklich auskennt.

Die anderen Tiere schütteln ratlos die Köpfe. Und weil das nicht ausreicht, beschließen sie, die Sache selbst in die Hand zu nehmen: Der Biber liefert Holz für die Krippe, mundgenagt. Die Spatzen fliegen Strohhalme ein, und die Ente spendiert ein Säckchen Flaumfedern, mollig warm und traumhaft weich.

Das Eichhörnchen versucht, sich an die Liegeplätze seiner Nussvorräte zu erinnern. Sogar die Biene unterbricht ihre Winterruhe und steuert ein Fässchen Honig bei. Der Fuchs unterschreibt einen Nichtangriffspakt.

Und die Nachtigall übt ein Wiegenlied: „Weihnachtlich glänzet der Wald: Freue dich, Christkind kommt bald!“

Jetzt

Man kann nicht immer nur zugucken.
Um den heißen Brei tanzen, ohne davon zu naschen.
Man kann nicht immer nur aus der Ferne lieben.
Mit Anstands-Engeln und sieben Himmeln dazwischen.
Man kann nicht immer nur drüber reden.
Irgendwann muss man unters Volk.
Da erkannte Gott Maria,
sah, ihr Herz war wie ein offenes Haus,
packte keine sieben Sachen
und zog ein.

Freiheit

Gott hat Kopfschmerzen. Das kommt nicht oft vor. Seit dreieinhalb Stunden hat er Weihnachts-Sprechstunde. Er solle mit der Zeit gehen, haben die Engel geraten. Mehr Dialog wagen. Die Puristen wollen wissen, ab wann man den Tannenbaum aufstellen dürfe und ob man schon am Heiligen Abend „Frohe Weihnachten“ wünschen dürfe. Die Allianz für Christus fragt, ob Maria denn nun noch Jungfrau sei. Weiß der Himmel, warum das so wichtig ist. Ob Gans oder Pute passender sei, fragt Frau Merkenthal. Dass er die Widersprüchlichkeit seiner Evangelien erklären möge. Als ob das historische Aufzeichnungen wären. Ob er die großzügigen Spenden zum Fest nicht verlogen finde, ätzen ein paar Humanisten. (Sie erwarten keine Antwort.) Alle scheinen genaue Vorstellungen zu haben. Nur Gott nicht. „Was soll ich denen denn sagen?“, flüstert er dem Öffentlichkeits-Engel zu. „Die Wahrheit. Das wirkt authentisch.“ Gott räuspert sich: „Ich wollte zur Welt kommen. Das war mein Wunsch. Der Rest würde sich schon fügen. Krippe oder Wochenbett, Hirten oder Könige, Gans oder Grünkern? Wird schon passen.“ Der Engel verdreht die Augen. Das wird Protest geben.

Luft **ablassen**

Eigentlich wollte Ronny nur seine Ruhe haben. Vor seiner Mutter, die ihn ewig ankeift wegen der Pizzareste unter dem Bett. Und vor seiner Schwester, die ihn auslacht wegen der Geschichte mit Betty. Und vor dem Scheißgedudel aus dem Küchenradio. Also hat er sein Saxophon genommen, das er sich vom Jugendweihegeld gekauft hat, und ist zur Bushaltestelle. Da spielt er wie ein Berserker den Nachthimmel an. Tonleitern, Terzen, Danger Dan, Fiepen, tiefes Röcheln. So ein Wartehäuschen hat eine Hammerakustik. Irgendwann kam Malte mit den Jungs, mit Fluppen und Flaschen. Sylvie und Jasmin sind vorbeigeschlendert, als ob nix sei. Als der letzte Rufbus kam, mit einem blinkenden Bäumchen vornedrin, gab Ronny richtig Gas. Frau Engelmann, die Busfahrerin, nickte anerkennend und spendierte eine Runde aus ihrer Thermoskanne. Jahre später sagt Ronny, dass er nur mal Luft ablassen wollte. Alle anderen sind sich einig, dass dies das einzig ernst zu nehmende Weihnachten für immer war.

Vieles kann reißen.
Licht kann nicht reißen.

Darauf **vertrau ich**

Dass du da bist und mich siehst,
mich in deine Welt reinziehst,
Dass du liebst und mir vergibst,
mir was zutraust und mich schiebst,
Du hast alles ausgedacht
und das Licht hier angemacht

Dass du unsre Nähe suchst,
an den Rändern nach uns rufst,
Dass du Scherben wieder klebst,
selbst im Tod noch weitergehst,
stehst in unserm Leben auf,
gibst ihm einen neuen Lauf

Dass dein Geist die Lage dreht,
jedes Kind die Welt bewegt,
dass du groß von Liebe träumst,
keinen Tag mit uns versäumst,
wir sind dann nicht mehr allein,
werden Wahlverwandte sein

Darauf vertrau ich, das glaub ich,
da drauf da bau ich: Ich brauch dich

Streik

Die Engel in den Himmeln streiken wieder mal, das nimmt langsam Überhand. Sie sorgen sich um das Klima, selbst sie bekommen mittlerweile Sonnenbrand, sie sind es nicht gewohnt, Schutz zu suchen. „Was soll ich tun?“, fragt Gott, „außer eine Sonnencreme empfehlen, am besten Lichtschutzfaktor 100.“
„Die Menschen“, murmeln die Engel, „du musst mit ihnen reden.“
„Reden, immer reden“, seufzt Gott und schickt ein Kind. Da haben sie was zu lieben.

STILL

Still, alle Welt, vor der Ewigen. Gott bricht auf aus ihrer heiligen Wohnung. **Sacharja 2,17**

AN

VON

BETREFF AW: **Was hörst du, wenn es ganz still ist?**

Das fragst du ausgerechnet mich? Ich bin kein Held im Meditieren. Auch nicht beim Yoga. Die stillen Momente, über die ich was sagen kann, sind unberechenbar und manchmal laut. Wenn 70 oder 300 Menschen in meiner Kirche still werden, hört man keine Stecknadel fallen, sondern vorbeifahrende Krankenwagen, das Knattern einer Harley, im besten Fall das Zwitschern der Vögel. Diese Momente liebe ich. Urbane Stille, die mich wegführt von mir. Die uns, in dieser Zufallsgemeinschaft, woanders hinführt. Die Welt passiert. An uns. Sie dringt durch die Wände, durch die Haut, in die Hinterstübchen der Seele. Das Universum ist ein warmer Raum – irgendwann beginnt ein Containerschiff zu tuten und jemand lacht. Das ist mein Zuhause, denke ich.

Ich warte auf eine Mail, den Bus und dass Gott redet. Ich warte auf den Tag, an dem ich mich um nichts sorge. Ich warte auf die Rückkehr der Wählscheibentelefone und dass mir mal wieder jemand ein Mixtape schenkt. Manchmal warte ich auf Grün – an der Ampel und im Februar. Ich warte auf den Moment, an dem niemand mehr Lust hat, jemanden in die Luft zu sprengen. Ich warte auf das Morgengrauen, wenn ich mich schlaflos im Bett wälze, und an Silvester warte ich auf Mitternacht, weil es schön ist, so zu tun, als ob alles neu wird. Ich warte auf die Stunde, in der alles schläft, die Pflicht und die Nachbarn hinter schwarzen Fenstern, und ich schaue hinaus und sehe einen Stern in der Nacht. ***Und du?***

Worauf wartest du?

Wir suchen den Himmel
nach Zeichen ab
Du suchst die Welt
nach Menschen ab

Das Glück *des Statisten*

Die meisten halten mich für einfältig. Sollen sie doch. Andere meinen, ich wäre ein Tattergreis im dritten Frühling. Und wenn?
Ich habe schon immer das Schweigen vorgezogen. Natürlich kann ich reden und lange Gedichte aufsagen. Aber man muss seine Kraft doch einteilen, oder? Ich habe genug damit zu tun, meine Augen über Gräser und Wolken und Lichtermeere wandern zu lassen, deren Schönheit mich oft aus dem Gleichgewicht bringt. Zu hören, was das Holz unter dem Druck meines Hobels erzählt. Und zu staunen über all die Momente, in denen man dringend und von Herzen gebraucht wird. Ich meine, das muss man sich mal vorstellen, jemand benötigt dringend deine Hilfe, und du bist zufällig in der Nähe und kannst dich nützlich machen.
Wer staunen will, muss behutsam sein. Das hat mir meine Großmutter beigebracht. Josef, lieber Josef mein, hat sie immer gesagt, mach den Mund zu und dein Herz auf. Du wirst Augen machen.

Schön bescheiden

Wir wünschen uns Fahrradkörbe. Schön praktisch.
Oder Geld. Schön nützlich.
Oder eine Konzertkarte. Schöne Aussicht.
Oder Socken – die wir uns eigentlich nicht gewünscht haben;
aber die halbe Welt geht kurioserweise davon aus, dass wir
uns welche gewünscht haben. Genau die, die braunen unauffälligen.
Geht's noch?, ruft Gott.
Geht's vielleicht auch eine Nummer größer?
Wenn Geburtstag und Weihnachten auf einen Tag fallen?

Post

95 Cent Porto, 20 Gramm.
20 Gramm!
Was in so viele Gramm alles reinpasst.
Zwei Briefbögen mit 1612 Worten.
(Wenn ich klein schreibe, noch ein paar mehr.)
Die Erinnerung ans letzte Jahr, die Tage auf der Hütte
im Schnee, als der Strom ausfiel, das WLAN
aber noch ging und wir dachten: Was für eine Welt!
Die gesammelten Wunschzettelchen der 3b,
in die mein Sohn geht.
Zwei große Liebeserklärungen.
(Und eine kleine, die ich dir noch schuldig bin.)
Meine Lieblingssätze von Lukas.
Ein goldenes Bändchen, das ich aus einem teuren Buch
gerissen habe, weil es da nur dumm rumliegt, dich
aber für einen wochenlangen Moment glücklich macht.
Und so viel Vorfreude.
Und so viel Stille.
Und so viel Weiß. (Zwischen den Zeilen, das leuchtet,
wenn du in ihm liest.)

Leuchten

Der Advent beginnt leise *kurz hinter Mitternacht,
wenn die Lichter gelöscht werden und nichts mehr blendet.
Der Advent hat keine Angst vor der Dunkelheit.
Weil er selber dunkel ist. Er weiß: Wer ständig strahlt,
ist irgendwann ausgebrannt.*

Sehr geehrte UNESCO-Kommission,

wir bitten Sie, die weitläufig unterschätzte Kunst des Wartens in Ihre Liste des Immateriellen Kulturerbes aufzunehmen.

Zur Begründung: Warten ist antikapitalistisch und zeitlos, jede*r kann es leicht erlernen, man braucht weder Ausrüstung noch besondere Fähigkeiten.
Wer das Warten lernt, tut eine Menge für den Frieden. Keine überhasteten Kurzschlüsse – erst hören, dann nachfragen, dann nachdenken, dann handeln.
Wer wartet, kann auf der Parkbank ein Stück nach links rutschen – und schon sieht die Welt komplett anders aus. Ganz nebenbei, beim Warten kommen den Menschen die besten Ideen.

Mit herzlichen Grüßen warten wir auf Ihre Zustimmung.

„~~Immaterielles Kulturerbe~~ Warten ist lebendig und wird von menschlichem Wissen und Können getragen. Es ist Ausdruck von Kreativität, vermittelt Kontinuität und Identität, prägt das gesellschaftliche Zusammenleben und leistet einen Beitrag zu nachhaltiger Entwicklung.“

Ante natale **Domini**

Josef hat keinen Geburtsvorbereitungskurs besucht. Weder mit Maria noch ohne sie. War ja nicht so üblich damals. Andererseits: 160 Kilometer zu Fuß, hochschwanger, von Nazareth nach Bethlehem – das war kein Spaziergang. Josef und Maria im Mutterschutz. Schritt für Schritt durch diese Zeit ante natale Domini, vor der Geburt des Herrn.

Heute würden sie zuerst den Checkpoint südlich von Nazareth passieren. In Jenin fänden sie Schutz im Freedom Theatre, und Maria müsste lachen über Josef, der Improtheater spielt, mit jüdischen und muslimischen Jugendlichen. Auf den duftenden Märkten in Nablus würde Josef Brot kaufen und Ziegenkäse und frische Milch. Im Frauenzentrum von Acraba fände sich eine Ärztin, die auf den Herzschlag des Ungeborenen hört. Durch Olivenhaine und Pinienwälder ginge es dann Richtung Jericho. In den Zeltstädten der Beduinen fände sich ein Nachtlager. Später dann anstrengende Stunden durch die Wüste.

Ein langer Advent. Mit zehn oder siebzehn oder vierundzwanzig Etappen. Überall Menschen, die auf Frieden warten. Auf eine neue Chance.

Ich **höre**

Ich bin wach, wenn die anderen schlafen. Das Dunkel schreckt mich nicht. Ich lausche. Ich höre den Atem, den Wind, mein Herz. Das Feuer hüte ich. In den Flammen wohnen die Geschichten. Ich kenne sie alle. In langen Nächten erzähle ich sie weiter.

Mein Kleid ist schmutzig. Meine Hände sind rau. Meine Tasche ist leer. Aber ich kenne die Rossminze und den weißen Wermut. Ich weiß den Pfad zur Quelle. Ich bin die gute Hirtin. In dieser Nacht ist ein König geboren, und er liegt in meiner Krippe.

HELL

Denn uns ist ein Kind geboren und es heißt Wunder-Rat, Gott-Held, Ewig-Liebe, Friedens-Reich. ***Jesaja 9,5***

AN

VON

BETREFF **AW: *Kommt Held*in von hell?***

Helden sind mir meistens eine Nummer zu groß, und ich fühle mich eine Nummer zu klein. Ich finde auch nicht, dass eine*r für alle in die Bresche springen soll. Ich glaube nicht, dass man allein die Welt retten kann. Ein Kind braucht Liebe und einen, der die Windeln wechselt. Eine, die es füttert. Einen, der weiß, wo der Plüschhase ist. Eine, die ein Wiegenlied singt. Einen, der das Licht anlässt.
Die Welt braucht das alles milliardenfach. Auch die größte Leuchte strahlt heller, wenn sie nicht allein bleibt.

Und jetzt zum Wetter

Bei leicht erhöhtem Pulsschlag im Norden wirft sich ausgewilderter Dorfkirchengesang einer Kaltfront entgegen. Der Duft von sieben mal sieben Mandelröstereien lockt steif gewordene Sesselpupser auf die Straße. Am Abend Hoffnung im Harz, tief fliegende Engel über Berlin und Königinnen-Empfang im Alpenvorland.

Wo man einen **Engel** findet:

Am Hauptbahnhof, meistens bei Gleis 7a. Und nachts um zwei am Dönerstand, gleich neben dem Mann, der auf die letzten wartet, die die Nacht versprengt hat. Auch auf Station 8 im Untergeschoss, wo Frau P. dem Tod ins Auge schaut, morgens gegen vier, wenn alles still ist. Manchmal schwebt er durch die Träume der Kinder; im Schlaf huscht ein Lächeln über ihr Gesicht. Er setzt sich an die Betten der Liebenden und wärmt sich an ihren Herzen, bis es Tag wird.

Weich

Wenn der Advent beginnt, hängt sie einen Stern ins Fenster und hält Ausschau. Maria und Josef sind unterwegs, hörte sie. Sie müssen irgendwo abgebogen sein, denn ihr bleiben sie fern. Maria ist eine von den schwangeren Frauen, die sie bei der Gynäkologin trifft, während sie auf die Routineuntersuchung wartet. Sie sieht ihre Bäuche, wünscht ihnen in Gedanken alles Gute und blättert weiter in der Gala. Auch darin wird Maria nicht erwähnt, wahrscheinlich fehlt ihr der Glamour. Ihre Leben kreuzen sich nicht.

Sie ist selbst keine Mutter. Eher eine Hirtin, die sich das große Aufheben um ein Neugeborenes nicht recht erklären kann, denn Kinder gibt es wie Lämmer, und Lämmer sind flauschiger.
Aber dann geht sie doch los, um zu gucken. Lässt sich von einem Engel schubsen. Und wird berührt, wo sie nichts erwartet. In einem Stall, dort, wo sie nur Mist vermutet. Später denkt sie: Das ist doch ein Wunder.

Dezember**fragen**

Der Juli liebt die Liebe, die Sehnsucht wohnt im Oktober, der Dezember ist der Monat der Wahrheit. Ein sanftes Wesen ist die Wahrheit, sie lebt in unserem Innersten, manchmal streicheln wir sie, manchmal ignorieren wir sie. In diesen Adventstagen aber kommt die Wahrheit ans Licht. Sie lugt durch halb geöffnete Türen, Dachluken und Kaminöffnungen. Sie konfrontiert uns mit ihrer DNA, indem sie uns Fragen stellt. Bist du bei dir? Fühlst du, was du denkst? Auf was möchtest du eines Tages zurückblicken? Wo kommt die Liebe her? Wann fängst du an, mit ein paar Dingen aufzuhören? Beschützt du mich?

Lucia

Die Zeitungen berichten von einem Mädchen
schön soll sie gewesen sein, gebildet und aus gutem Haus
und trotzdem habe sie nicht heiraten
und auch sonst keine gute Partie machen wollen
sondern sei nachts auf die Straße gegangen
habe Geflüchtete in ihren Verstecken aufgesucht
Brot und Liebe allzu freigiebig verteilt
sogar ihren fremden Glauben angenommen

Das Licht, das sie umgab
habe sie verraten
in den frühen Morgenstunden
streckte sie der Hass nieder

Was hätte werden können aus ihr
fragten einige
wenn sie sich nicht verschwendet hätte
die anderen sahen ihr nach
und leuchteten

Lucia

lebte im 4. Jahrhundert auf Sizilien. Sie wurde umgebracht, weil sie verfolgten Christen und Christinnen half.
Sie trug einen Kerzenkranz auf dem Kopf, um die Hände frei zu haben.

Einladung

Dich größer denken, als du bist
Nur für heute
Dich kleiner denken, als du kannst
Nur für heute
Dich heller denken, als du dich fühlst
Nur für heute
Dich tiefer denken, als du dich traust
Nur für heute
Mich näher denken, als du glaubst

gez. Gott

Prophezeiung

Mischt euch ein.
Hängt Rosen in die Bäume,
zündet Lichter an.
Denn uns ist ein Kind geboren,
widersteht den Königen
und ihren goldenen Versprechen;
denn die Herrschaft ruht auf seiner Schulter,
dem Hass gebt keine Macht,
er heißt Wunder-Rat, Gott-Held;
greift nach dem Strohhalm,
mit Engelshaar schmückt eure Häupter,
Ewig-Liebe, Friedens-Reich.
Lasst euch irritieren,
baut Häuser im Morgen,
auf dass seine Herrschaft groß werde
und des Friedens kein Ende sei.

Jede **Nacht**

Sie sitzen im gleißenden Licht der Burger-Bar, weil was anderes um diese Zeit nicht mehr offen ist. Um halb drei hat es zu schneien begonnen, kümmerliche Flocken, die jetzt in Regen übergehen. Der Taxifahrer und der Engel und eine Frau, deren Namen niemand kennt. Sie wachen über die Stadt. Das nehmen sie sehr genau. Die Müdigkeit schreckt sie nicht. Manchmal bringt der Taxifahrer einen Verirrten heim, und der Engel greift einem Verwirrten ins Messer. Was die Frau macht, weiß niemand, aber es ist gut, dass sie da ist, da sind sie sich einig. Sie geht ihrer geheimen Aufgabe nach, die nicht mal sie kennt. Aber sie tut es gewissenhaft. Jede Nacht ist sie da. Ihre Treue lässt den Engel weitermachen.

HÜTEN

Dann werden Wolf und Lamm friedlich beieinander wohnen, der Leopard wird beim Ziegenböckchen liegen. Kälber, Rinder und junge Löwen weiden zusammen, ein kleines Kind kann sie hüten. ***Jesaja 11,6***

AN

VON

BETREFF AW: ***Was hütest du?***

Ich hüte Freundlichkeit wie Schneeflocken. Kann sein, dass du lachst, ein resigniertes Lachen, weil das so vergeblich klingt. Weiß ich. Und trotzdem: Die Welt wird harscher, und ich will in keiner Welt leben, in der ich ständig Angst habe, aufs Glatteis geführt zu werden. Ich will keine Ellbogen ausfahren, und ich will niemanden zu Boden reißen, wenn ich falle. Wenn alle vor allem an sich selbst denken, wird das Leben misstrauisch und einsam. Ich will weich bleiben. Ich will zusammenhalten und der Kälte mit warmen Worten begegnen. Ich will knitterige Gedanken und nicht die glattgebügelten Sätze einer KI. Ich will echte Menschen treffen, auch wenn Menschen immer ein Risiko sind.

Auftrag von oben

Du darfst eine neue
Tradition anfangen.
Niemand ist sauer,
alle sind neugierig.
Wie möchtest du
Weihnachten feiern?
Fürchte dich nicht.

Neue Seiten

Während du das Buch aus dem Regal nimmst, legt sich die Dämmerung wie ein Norwegerpullover über das Haus. Irgendwo läuten Glocken. Du schlägst den Buchdeckel auf und beginnst zu lesen. Du kennst die Geschichte auswendig, trotzdem entdeckst du jedes Jahr ein neues Detail. Als ob jemand hier oder da mit der Taschenlampe draufleuchten würde.

Die alte Geschichte riecht nach Mandarinen, obwohl du weißt, dass damals Datteln und Granatäpfel im Proviant waren.

Die Begegnung mit den Hauptpersonen (ein Esel gehört auch dazu) fühlt sich heimatlich an, obwohl das Ganze noch nie eine flauschige Heimatgeschichte war. Josef schnitzt an einem Wanderstock, Maria macht Yoga, ein Hirte krault ein schwangeres Schaf, vier Engel üben Satzgesang. Sie ziehen mich sanft am Ärmel – sie haben auf mich gewartet.

Auf viele tausend Arten

Ich wünsche mir, dass die Tür aufgeht
und ein Licht vor die Füße fällt
Ich wünsche mir, dass ein Stern mich zieht
und zurück auf den Anfang stellt

Ich wünsche mir, dass ein Schiff anlegt
wenn der Morgen die Nacht aufdeckt
Ich wünsche mir, dass man mich dort braucht
und verlasse dann mein Versteck

Auf viele tausend Arten
werden wir drauf warten,
dass der Wind sich am Ende dreht
Auf viele tausend Arten
werden wir drauf warten,
dass was kommt und dann nicht mehr geht

Mein **Kleiner,**

hörst du mich da drinnen? Ich bin Josef, dein Papa. Wir haben nicht mit dir gerechnet. Ich überhaupt nicht und Maria schon gar nicht. Ganz ehrlich, wir kommen zu dir wie die Jungfrau zum Kinde. Obwohl du noch gar nicht da bist, ist alles anders. Wir drei gehören jetzt zusammen. Ich werde Vater – ich, der maulfaule Josef mit den großen Händen. Und Maria ist ganz aus dem Häuschen, sie hört Stimmen und erzählt was vom lieben Gott. Soll sie ruhig, darum sprechen die Leute wohl von anderen Umständen. Ich werde dir auf jeden Fall beibringen, wie man hobelt, wie man ein schiefes Dach richtet und ein hängendes Tor gangbar macht. Aber jetzt musst du erst mal schlafen da drinnen, damit du groß wirst, mein Kleiner. Gute Nacht!

WORT
Licht
gLücken
Geheimnis
TRäume
WundeR
Heilig
DUnkel
WeihnACHten
FinSternis

Mein Lieblingssatz erzählt von Maria.
In der Weihnachtsgeschichte hat sie das letzte Wort. „Sie behielt alle diese Worte und bewegte sie in ihrem Herzen." Wie schön ist das denn! Gerade Mutter geworden zwischen Engeln und Eseln und dann: erst mal gar nichts sagen. Keine Schnappatmung, keine Erklärungen. Das Unbegreifliche ins Herz lassen. Und es dann bewegen. Jahrtausendelang. Bis heute.

Was ist dein ***Lieblingssatz?***

Mein Lieblingssatz erzählt von der Schwärze der Nacht.
Dem Atem der Tiere. Alle Sinne auf Empfang. „Und die Klarheit Gottes leuchtete um sie." Tausendundeine Nacht sind die Hirtinnen und Hirten auf ihrem Platz. In dieser Nacht erleben sie Erleuchtung. Solche Momente kann man nicht machen. Aber vielleicht kann man sie vorbereiten: Still sein. Nichts wollen. Mit allem rechnen. Einen Raum hüten, der zwischen Goldstift und Zimtstern liegt und allem, das so tut, als sei es wichtig.

Lieber **Opa,**

jetzt wäre es an der Zeit, dass du den Weihnachtsbaum hochholst und auf das Radio stellst, in dem immer irgendwer Klavier spielte, wenn ich kam. Diesen Baum, der eigentlich fürchterlich war, weil aus Plastik. Ihr fandet das modern und praktisch, aber ich fand, Großeltern sollten nicht modern sein, sondern Kekse backen. Oma dachte nicht daran. Es roch bei euch nicht nach Zimt und Tanne, ein Holzofen wäre das Letzte gewesen, was ihr gewollt hättet. Euer Baum leuchtete bunt. Irgendwann merkte ich überrascht, dass ich das auch cool und dann, mit den Jahren, sogar heimelig fand. Niemand, den ich kannte, hatte ein Weihnachtszimmer wie ihr. Ihr habt meine Vorstellungen von einer heilen Welt durchkreuzt (und das nicht nur an Weihnachten). Ihr wart nüchtern und habt auf unauffällige Art getan, was ihr wolltet. Für mich wart ihr Freigeister, leise und leuchtend. Ich vermisse euch.

Dies **oder** *das*

Krippe		**Tannenbaum**
O du fröhliche		**Stille Nacht**
Lukas		**Matthäus**
Wunder		**Wirklichkeit**
Gans		**Kartoffelsalat**
Lametta		**Strohsterne**
Jungfrau		**junge Frau**
Krippenspiel		**Mitternachtsmesse**
Weihnachtsmann		**Christkind**
Silber		**Gold**
Morgenrot		**Abendrot**
Wachskerzen		**Lichterkette**
Gänsehaut		**Kopfschmerz**

Kleiner Reim

Die Sterne ziehen ihre Bahn
Jahrzehnte in Sekunden
Der Himmel hält die Meere fest
als wären sie verbunden

Verhohlkörperung

Dort, wo ich groß geworden bin, war das mit Weihnachten ein wenig anders. Irgendwann hatten graue Herren in grauen Anzügen auf einem Parteitag beschlossen, dass religiöse Begriffe doch bitteschön zu vermeiden seien im real existierenden Sozialismus. Und man die christlichen Bräuche mit ein wenig Geduld schon entkernen würde. Aus Schokonikoläusen wurden Schokoladenhohlkörper. Aus Engeln geflügelte Jahresendfiguren. Auf dem Weihnachtsmarkt wurden Märchenfiguren zur Schau gestellt – in einer Hütte, die früher der Stall zu Bethlehem gewesen war.

Im städtischen Varietétheater wurde eine neue Weihnachtsgeschichte aufgeführt. Die Hauptrolle darin hatte ein Hase. Der hieß Hoppel Poppel und erlebte irgendwelche Abenteuer. Zehntausende Kinder wurden in diese Show gekarrt und erlebten eine liebliche, aber leicht irre und vor allem zahnlose Hasenweihnacht. Der DDR-Sozialismus war ein schlechter Geschichtenerzähler.

Maria, Josef und das Jesuskind haben die Jahrzehnte währende Verhohlkörperung locker überlebt. In kalten Kirchen übten dick eingemummelte Kinder im Schatten der Varietébeleuchtung ihr Krippenspiel ein. „Fürchtet euch nicht!“, riefen zahnlückige Engel am Heiligen Abend unerschrockenen Kirchgängern zu. Sie hielten Gottes Lieblingsgeschichte mit Gold-, Weihrauch- und Myrrhe-Attrappen lebendig. Jesus kam pünktlich zur Welt. Jahr für Jahr. Er war schon zu seiner Geburt nicht totzukriegen.

es kommt ein Schiff geladen

1 2 3 4 5 6 7 8

Ein Schiff *für Johanna*

Als Johanna ankommt im Seniorenheim, ist sie die Einzige, die dem Aufruf der Zeitung gefolgt ist. Eine Neonröhre flackert, eine Pflegerin bringt ihr einen Teller. Um fünf würden alle wieder in ihre Zimmer gebracht, und ein paar Märchen habe man schon vorgelesen. Jetzt oder nie, denkt Johanna, packt ihr Cello aus und spielt. Alle Jahre wieder, Ich steh an deiner Krippen hier, Leise rieselt der Schnee. Ein paar der Alten singen mit. Die Pflegerinnen rücken ein wenig näher und bringen ihr ein Glas Rotkäppchen-Sekt, lieblich. Johanna steht auf und verteilt ihre Geschenke. Liebe Grüße vom Nikolaus!, ruft sie, einige nicken, jemand erwidert: Mahlzeit. Geschenkpapier fällt zu Boden, ein alter Herr hat die Flasche mit dem Parfüm in der Hand. Pffffh. Und, ruft er, riech' ich nicht gut? Das Parfüm macht die Runde unter fröhlichen Ahs und Ohs. Am Nachbartisch zählen die Damen den Inhalt einer Keksdose ab. Das letzte Geschenk, ein Stern aus goldenem Papier, wird am künstlichen Weihnachtsbaum befestigt. Da erhebt sich ein kleiner Mann aus seinem Rollstuhl. Zur Feier des Tages werde er jetzt singen, so wie früher. Johanna merkt, wie ihr der Moschusgeruch des Parfüms in die Nase kriecht. Der Mann aber singt hell und klar: Es kommt ein Schiff, geladen bis an sein' höchsten Bord, trägt Gottes Sohn voll Gnaden, des Vaters ewigs Wort.

Raum für ***den Traum***

Wäre es so schlimm, wenn alles nur ein großer Traum gewesen wäre? Dass sich die Welt erneuern wird, dass Mensch und Maus eine Zukunft haben, dass Brot und Liebe für alle reichen – und die Mächtigen die Anwälte der kleinen Leute sind?

Wäre Weihnachten weniger weihnachtlich, wenn im Stall von Bethlehem kein göttliches Kind, sondern ein großer Traum gelegen hätte?

Und dieser Traum durch Betten, Siestas und Jahrhunderte weitergegeben wurde bis heute, bis zu dir, bis jetzt in diesen Moment hinein?

Lässt du ihn platzen, diesen uralten Traum, oder lässt du ihn ein Weilchen bei dir wohnen?

Inhalt

SUSANNE NIEMEYER
hält von ihrem Schreibtisch in Hamburg Ausschau nach dem Himmel. Sie hat bereits zahlreiche Bücher veröffentlicht und bloggt auf www.freudenwort.de. Im Advent hätte sie gern ein Schaf an ihrer Seite.

MATTHIAS LEMME
ist Pastor in Hamburg-Ottensen, schreibt Texte zum Lesen, Hören und Singen. Im Advent sucht er nach Fußabdrücken von Gott, am Elbstrand und in Gedanken.

BILDNACHWEIS

S. 4/5: fermate/iStockphoto, S. 8: Susanne Niemeyer, S. 13: Boris_Zec/iStockphoto, S. 14: kool99/iStockphoto, S. 16: Little_Airplane/iStockphoto, S. 22: katrinaelena/iStockphoto, S. 24: Jolygon/iStockphoto, S. 26: udra/iStockphoto, S. 32: EyeEm Mobile GmbH/iStockphoto, S. 34: Manivannan Thirugnanasambandam/iStockphoto, S. 38/39: ViolkaArt/Pixabay, S. 44/45: Matthieu Spohn/plainpicture, S. 47: Christophe/Pixabay, S. 48: SasaJo/iStockphoto, S. 51: jplenio/Pixabay, S. 54: Boarding1Now/iStockphoto, S. 58: aleksandravelasevic/iStockphoto, S. 60: Simon Berger/Pexels, S. 66: merc67/iStockphoto, S. 69: Susanne Niemeyer, S. 70/71: mecaleha/iStockphoto, S. 78: tigerstrawberry/iStockphoto, S. 81: judigrafie/Photocase, S. 87: Kelly Knox/Stocksy, S. 88: gregory_lee/iStockphoto, S. 90: Susanne Niemeyer, S. 91: Gerd Altmann/Pixabay, S. 92: Susanne Niemeyer, S. 96: Susanne Niemeyer, S. 103: Georgi Kabydzhiev/Unsplash, S. 104: LEOcrafts/iStockphoto, S. 107: FTiase/iStockphoto, S. 108: Ulrike Leone/iStockphoto, S 112: LiliGraphie/iStockphoto, S. 115: Epine_art/iStockphoto, S. 118: KDavisYoung/iStockphoto, S. 120/121: Umkreisel-App/Pixabay, S. 122: hans-slegers/iStockphoto, S. 127: Matheus Bertelli/Pexels, S. 132: privat

Illustrationen von Ariane Camus: Umschlag, Seite 10/11, 18, 28, 37, 42, 49, 56, 63, 72, 77, 83, 91, 95, 100/101, 116, 124

TEXTE

Susanne Niemeyer: Seite 9, 10, 11, 12, 14, 15, 17, 21, 23, 25, 28, 31, 34, 35, 38, 45, 46, 47, 48, 49, 50, 55, 63, 66, 68, 70, 73, 75, 76, 79, 83, 86, 92, 97, 99, 101, 102, 105, 106, 108, 109, 111, 119

Matthias Lemme: Seite 7, 16, 24, 26, 27, 29, 33, 36, 39, 41, 42, 43, 53, 56, 57, 58, 59, 61, 62, 65, 67, 71, 72, 78, 80, 81, 82, 85, 88, 89, 90, 91, 93, 94, 100, 104, 113, 114, 115, 121, 123, 125, 126

Gemeinsame Texte: Seite 4, 6, 19, 20, 22, 30, 32, 40, 52, 64, 74, 84, 98, 110, 112, 117, 120

IMPRESSUM

Die Deutsche Nationalbibliothek verzeichnet diese Publikation in der Deutschen Nationalbibliographie; detaillierte bibliographische Daten sind im Internet über http://dnb.dnb.de abrufbar.

1. Auflage 2025

Printed in EU

Das Buch wurde auf alterungsbeständigem Papier gedruckt.

Bei Fragen zur Produktsicherheit wenden Sie sich bitte an info@eva-leipzig.de.

Gesamtgestaltung: Anja Haß, Leipzig
Bildredaktion: Anja Haß, Leipzig, und Lena Uphoff, Biblis
Druck und Binden: GRASPO CZ a.s., Zlín

ISBN 978-3-96038-426-7
www.eva-leipzig.de